CAMPAGNE DE 1870-1871

UNE PAGE

DE LA

5ᵉ AMBULANCE INTERNATIONALE

Comment elle put sortir des lignes allemandes

Par le Dʳ **L. LE PILEUR**

Médecin de Saint-Lazare

PARIS
LIBRAIRIE ANCIENNE ÉDOUARD CHAMPION, ÉDITEUR
5, QUAI MALAQUAIS, 5

1916

CAMPAGNE DE 1870-1871

UNE PAGE

DE LA

5ᵉ AMBULANCE INTERNATIONALE

Comment elle put sortir des lignes allemandes

Tiré à 84 exemplaires,
dont 4 sur papier de Hollande.

CAMPAGNE DE 1870-1871

UNE PAGE

DE LA

5ᵉ AMBULANCE INTERNATIONALE

Comment elle put sortir des lignes allemandes

Par le Dʳ **L. LE PILEUR**

Médecin de Saint-Lazare

PARIS

LIBRAIRIE ANCIENNE ÉDOUARD CHAMPION, ÉDITEUR

5, QUAI MALAQUAIS, 5

1916

CAMPAGNE DE 1870-1871

UNE PAGE

DE LA

5ᵉ AMBULANCE INTERNATIONALE

Comment elle put sortir des lignes allemandes

Par le Dʳ L. LE PILEUR

Médecin de Saint-Lazare

Jamais, depuis qu'il nous servait de lieu de réunion, le grand salon du château du Coudreceau n'avait été aussi triste que le soir du mercredi 4 janvier 1871. En vain cherchions-nous des sujets de discussion ou de causerie ; les plus intéressants étaient épuisés depuis longtemps et, malgré les efforts d'Ulysse Trélat, le sympathique chef de la 5ᵉ Ambulance internationale, on en revenait toujours à la question qui nous tenait le plus au cœur : Quand partirons-nous d'ici ? Quand irons-nous employer ailleurs les talents de nos chefs, nos bonnes volontés à tous ?

Cette situation d'esprit était assez excusable dans une réunion d'hommes jeunes, ardents et n'obéissant, du reste, qu'à une très vague discipline. Il n'y avait pourtant de notre part aucun sentiment de révolte. Nous étions tous beaucoup trop dévoués à notre chef et respectueux de ses avis pour avoir de semblables idées, mais nous n'avions plus de blessés ; j'avais conduit, le jour même, à l'hôpital de Nazareth, d'Orléans, les deux derniers, conservés jusque-là pour montrer aux Allemands (1), en cas d'inspection, que nous étions

---

(1) En 1870 on disait : les Prussiens, les Allemands, mais jamais les *Boches*. Ce vocable qui est courant aujourd'hui, constituerait un gros anachronisme dans un récit de cette première guerre avec nos ennemis de plus de quatre siècles.

bien une Ambulance en activité. Or, cette petite comédie, assez pénible pour nous, ne pouvait plus durer, et nous n'avions qu'un désir, celui de la faire cesser le plus tôt possible en nous employant ailleurs. Mais où ? — Quand ? et comment ? puisque les Allemands refusaient absolument de nous laisser franchir leurs lignes pour nous permettre de rentrer dans les nôtres !

Ici peut-être, sans faire pour cela l'histoire de l'ambulance, un sommaire retour en arrière permettra-t-il de comprendre mieux notre impatience.

Nous avions quitté la Ramorie, près Sedan, le lundi 19 septembre 1870. Par Bouillon et Fays-les-Veneurs, nous avions gagné Libramont où nous avions *nolisé* un train qui nous avait mené d'abord à Bruxelles, puis à Amiens, Rouen, le Mans, Tours, Blois et enfin Orléans. Là, après dix-huit jours de voyage coupés de stations plus ou moins longues dans ces différentes localités, après maintes allées et venues entre Orléans, la Chapelle-Saint-Mesmin et Olivet, l'Intendance du général de La Motterouge nous avait désigné le château et la ferme d'Auvillers (1), entre Chevilly et Artenay, comme très bien situés pour y installer une ambulance. Renseignement fort exact dont nous appréciâmes la justesse lorsque, le lendemain de notre arrivée dans cet endroit, le lundi 10 octobre, nous vîmes, à notre réveil, un lancier en vedette à 200 mètres de nos fenêtres et lorsque, peu d'instants après, commença la première affaire d'Artenay à laquelle notre formation sanitaire fut très intimement et très utilement mêlée.

Le 24 octobre, nos blessés étaient en état d'être évacués à pied ou en voiture, et quand le chef arriva ce soir-là du château de Menars où il avait installé, à tout évènement, le gros de l'ambulance, il put nous donner l'ordre de venir le rejoindre le plus rapidement possible, grâce au moyen suivant, trop exceptionnellement employé, dans cette triste campagne, pour ne pas être rapporté.

La Convention de Genève neutralisait complètement les formations sanitaires ou les ambulances constituées en vertu de cette Convention. Non seulement les médecins, infirmiers et comptables qui composaient ces ambulances, ne pouvaient

---

(1) Appartenant à M. d'Inval.

jamais être faits prisonniers, mais ils devaient jouir, sous le contrôle du vainqueur, du droit de rejoindre les troupes de leur nation. Dans le fait c'était bien ce qui s'était passé pour nous à Sedan, où le plus court était de prendre l'itinéraire indiqué plus haut, si nous voulions encore arriver dans les environs de Paris avant les Allemands partis déjà depuis huit ou dix jours au moins. Mais là, à Artenay, avec des ennemis en avant, en arrière et sur les côtés, quoique simple-

ment séparés de nos grand'gardes par quarante kilomètres à vol d'oiseau, quel chemin aurions-nous pu prendre pour rejoindre nos troupes, si la *commandature* d'Orléans nous avait refusé le passage ?

Il n'en fut heureusement pas ainsi.

Le général bavarois Von der Thann appliqua la Convention de Genève comme elle devait être appliquée. Il fit remettre à M. Trélat des cartes constituant un *laissez-passer* individuel et chacun des membres du groupe d'Auvillers reçut une de ces cartes.

Toutes furent contrôlées à la *commandature* d'Orléans sous la responsabilité des chefs d'escouade et nous permirent de traverser les grand'gardes ennemies pour gagner les nôtres, qui se trouvaient alors près de Mer.

Ceci se passait les 25 et 26 octobre, et, quand la victoire de Coulmiers eut remis notre armée, pour bien peu de jours hélas, en possession d'Orléans, le général d'Aurelle de Paladines nous dirigea à la fin de novembre, seulement, sur Loury, gros bourg situé sur la lisière sud de la forêt d'Orléans, à vingt kilomètres de cette ville et traversé par la route qui y mène en venant de Malesherbes par Pithiviers.

Il n'y avait pas d'installation possible, pour nous, dans le village, mais, à deux kilomètres, au nord-ouest, se trouvaient deux propriétés : le château de *La Chenaye* à Mme la vicomtesse d'Hardouineau et celui du *Coudreceau* à M. Seurat de la Boulaye. On nous permit très gracieusement d'y installer notre ambulance.

C'était là que, depuis un mois, nous soignions les blessés réunis par nous après les combats de Chilleurs, de Neuville-au-Bois et de Bois-Commun, combats qui avaient immédiatement précédé la deuxième entrée des Allemands (armée du Prince Frédéric-Charles) à Orléans, et c'était là que les journées et les soirées nous semblaient de plus en plus longues depuis que nous n'avions plus rien à faire.

Nous avions bien essayé d'obtenir une autorisation semblable à celle que nous avait donnée le général bavarois, mais nos démarches s'étaient heurtées à un refus formel. Malgré l'insistance que mit à plaider notre cause M. Le Cap, intendant militaire resté à Orléans après la retraite pour régler certaines clauses de la capitulation, le général allemand ne voulut entendre à rien en dehors de sa proposition qui était celle-ci :

Les médecins français se feront conduire, par chemin de fer, jusqu'à Strasbourg et de là à Bâle d'où il leur sera loisible de gagner, par la Suisse, leurs départements non encore envahis.

Or ce n'était pas la longueur du voyage qui nous faisait refuser ce moyen, c'était son prix, car on nous demandait, pour nous le faire exécuter, la modique somme de *trente mille francs !* Je sais que nous étions encore soixante hommes, que nous avions huit voitures au moins et une quarantaine de chevaux, mais trente mille francs c'était vraiment un peu trop cher, et puis, j'aurais peut-être dû commencer par là, nous n'avions pas douze mille francs en caisse !

Tel était donc, quand j'ai commencé ce récit, le problème devant lequel nous nous creusions la tête et qui, en outre des tristesses de la patrie, assombrissait nos idées et nos fronts.

* *

Parmi tous les moyens proposés, un des plus acceptables, je suis loin de dire le meilleur, était le suivant : Gagner Fontainebleau par des routes peu fréquentées, sur lesquelles on aurait donc moins de chances de rencontrer des Allemands et, arrivés là, obtenir de l'ennemi, l'autorisation de nous approcher de Paris pour soigner ses blessés ou ses malades. Nous gardions pour nous le secret espoir de profiter d'une sortie pour rentrer dans la grande ville assiégée. En admettant que ce projet ne réussit pas, rien ne coûtait de l'essayer. On pouvait envoyer un ou deux éclaireurs à la découverte. Cela paraissait même tellement facile que nous ne comprenions pas les hésitations de notre chef (1). On ne doute de rien à trente ans ! Et cependant ces hésitations étaient faciles à comprendre, car ce n'était pas dans l'expédition que gisait la difficulté, mais bien dans l'acceptation de nos offres par les Prussiens. Comment supposer qu'ils consentiraient à utiliser nos services près de Paris quand ils les refusaient à Orléans, quand ils avaient même l'air de vouloir hâter notre départ comme pour nous envoyer plus vite en Allemagne ?

Aussi me suis-je bien des fois demandé depuis si, en donnant son adhésion à une tentative presque aussi impru-

---

(1) Dix jours auparavant, nous avions souhaité bon voyage, en lui indiquant minutieusement la route de la Loire, à un de nos malades guéri. C'était un clairon de turcos portant sur la face les tatouages caractéristiques de sa tribu. Nous l'avions affublé des jupes et de la souquenille d'une vieille femme, sa tête était couverte d'un bonnet jadis blanc, rapiécé et noir de crasse. Il était si horrible sous ce déguisement qu'il était peu probable qu'un Allemand eut envie de lui prendre la taille. Aussi l'avons-nous retrouvé à Nevers coiffé du turban et le visage éclairé par son bon rire de noir. Il n'avait eu aucune difficulté pendant son exode et, sans traverser la Loire, il avait tranquillement atteint le but de son voyage.

dente qu'irréalisable, Ulysse Trélat n'avait pas eu pour unique but de donner un os à ronger à notre impatience. Toujours est-il, qu'après avoir passé cette soirée entière à peser le pour et le contre, à fixer, autant que possible, un itinéraire qui aurait permis de retrouver la trace des envoyés, en cas de disparition, la proposition fut franchement acceptée et que, promoteur de l'idée, je fus chargé de son exécution.

Notre chef ne m'imposait qu'une condition, celle d'avoir un compagnon dont il me laissait heureusement le choix. Cet acolyte obligatoire mettait une ombre au tableau, car, ainsi que dit le proverbe, *qui a compagnon a maître*, or, il me fallait non seulement mes coudées franches, mais puisque compagnon il y avait, un gaillard capable de fournir de longues et peut-être de très rudes étapes. Je prenais en effet l'engagement formel vis-à-vis de M. Trélat de n'être absent que cinq jours et, avec mon programme, qui pouvait prévoir où je serais le matin du cinquième jour ?

Notre ambulance, pour justifier sans doute son titre d'Internationale, comptait plusieurs jeunes docteurs ou étudiants en médecine étrangers. Dans le nombre se trouvaient trois Anglais dont l'un, poussé par le goût des aventures et un sentiment très chevaleresque, était venu en France pour s'engager dans la cavalerie. Au ministère de la Guerre on lui avait répondu que la neutralité de son pays s'opposait à son admission dans l'armée, mais qu'il pouvait, étant médecin, entrer dans la branche française de la Société internationale de secours aux blessés. Comme c'était toujours une manière de faire campagne avec des Français il n'avait pas hésité, et avait demandé à M. Trélat de l'admettre au nombre de ses aides. — Nous avions fait connaissance dans le train qui nous avait amenés de Bruxelles à Orléans, et, à plusieurs reprises, il avait si bien témoigné sa préférence pour la France, qu'il nous était devenu très sympathique. Ch. Cooper qu'un superbe pantalon à basanes avait naturellement fait surnommer *Bas de cuir*, était d'une taille au-dessus de la moyenne et bien découplé. Il paraissait, était-ce une erreur ? avoir des goûts beaucoup plus prononcés pour les exercices chers à la sœur d'Apollon, que pour les merveilleux secrets enseignés par le fils de celui-ci. Il montait à cheval comme un chasseur de renards et était excellent marcheur. Quoique je ne l'eusse jamais vu, pas plus le matin que le soir, au lit d'un de nos blessés, des goûts communs pour les exercices du corps nous avaient souvent rapprochés. Enfin, le mot *bonjour* étant à peu près le seul qu'il prononçât correctement, c'était une excellente condition pour éviter le bavardage et passer en silence dans les lieux habités. En somme brave compagnon, incapable de faire la moindre opposition à mes projets et de me quitter en cours de route, mais, en revanche, parfaitement capable de faire cause commune avec moi et, surtout, de me suivre, ce qui était l'important. Aussi, malgré les conseils qui ne me manquèrent pas, comme aucun ne se terminait par la présentation d'un autre chercheur d'aventure, je n'hésitai pas à m'adjoindre ce brave Anglais, et il fut décidé que nous partirions, non le lendemain, le chef attendant d'Orléans une lettre qui pouvait changer nos projets, mais le surlendemain.

Effectivement, le vendredi 6 janvier, sans souci des superstitions, et par une pleine lune superbe, muni d'une espèce de sauf-conduit que m'avait donné M. Trélat, papier peu compromettant pour lui et pour nous, je serrais les mains des amis et me mettais en route à 5 heures pour aller dîner et coucher à Neuville-aux-Bois. Le Dr Lallier, camarade d'études de notre chef et dont nous avions déjà mis à contribution la très grande amabilité, avait exigé cette première halte sous son toit.

Ce n'était pas sans raison que j'étais parti à cette heure tardive. Ce jour ne comptant pas, et ma permission ne partant en réalité que du lendemain matin samedi, j'abrégeais ainsi de huit bons kilomètres ma première étape qui devait être assez longue et j'évitais à mon collègue une trop grande fatigue pour le premier jour. J'aurais été peut-être moins attentionné si j'avais su alors, ce que j'appris plus tard, c'est que, pour lui, Anglais, notre excursion était devenue un match, donc l'objet d'un défi, et qu'il avait justement parié avec ses compatriotes qu'il me batterait et me ramènerait *en voiture*. On verra que la fable de l'ours et des chasseurs semblait avoir été faite pour lui.

La route que nous suivions passait tout entière sous la forêt qu'éclairait merveilleusement la lune. Grâce à elle, pas un faux pas ne venait nous retarder et nous arrivâmes longtemps avant dîner chez le Dr Lallier. Je lui fis part en détail de mon programme et il approuva entièrement mon itinéraire tout en ne me dissimulant pas qu'il n'avait aucune confiance dans la réussite de ma démarche.

Samedi 7 Janvier.

Le lendemain matin au départ, j'eus une fâcheuse impression et j'aurais pu dire comme M. de Malesherbes manquant de tomber au sortir de la Conciergerie : « un Romain serait rentré chez lui ! » Devant la porte du Dr Lallier passait un homme coiffé d'un haut de forme, la figure rasée, sauf de petits favoris, les lèvres minces, tranchées comme par un couteau ; il était cravaté de blanc et sanglé dans une épaisse redingote noire. Cette tenue, bien cérémonieuse pour un petit chef-lieu de canton comme Neuville, aurait suffi pour le faire remarquer, si sa vue n'eut fait affluer à mon cerveau un flot de souvenirs sous l'impression desquels je fis un mouvement involontaire. — Vous connaissez ce monsieur? me dit mon hôte qui ne le salua pas. — Je ne crois pas me tromper, répondis-je, car j'ai été trop frappé par sa figure, la seule fois que je l'ai vue, pour avoir pu l'oublier. C'était à Paris, au Palais de Justice, dans la galerie menant à la Cour d'Assise; j'en sortais venant d'entendre condamner à mort l'empoisonneur de Madame de Pauw, le médecin homœopathe Courty Delapommeraie (1). Ce monsieur que nous venons de voir passer faisait les cent pas dans la galerie; un avocat de mes amis m'apprit que c'était le père du condamné. Il attendait le défenseur de son fils. Est-ce bien cela ? — Oui, c'est bien lui ; le lendemain du jour dont vous parlez, il était de retour ici et reprenait ses visites comme si rien d'extraordinaire ne s'était passé ! — Brououm ! dis-je en lui serrant la main, en route, en route ou bien je vais voir des guillotines tout le long du chemin !...

Le hasard de notre situation au château de La Chenaye m'avait mis tout près de la meilleure des routes que je pusse

---

(1) Le Bottin écrit ainsi le nom, malgré les prétentions nobiliaires du misérable, prétentions soutenues par le généalogiste Borel d'Hauterive, mais réduites à néant pendant le procès. Cependant le Dictionnaire Larousse illustré continue à écrire « de La Pommerais ».

choisir, je dirai même de la seule qui pouvait me convenir. En effet, pour gagner Fontainebleau par des voies détournées, l'itinéraire d'un homme qui cherchait à rencontrer le moins de monde possible, était de passer par Etampes, La Ferté-Alais et Barbizon. Etampes, grand centre de production de farine, était certainement plein d'Allemands et constituait pour moi un gros danger, mais, outre que dans toute aventure il faut bien livrer quelque chose au hasard, j'étais bien aise d'y prendre langue et d'ailleurs je comptais employer un moyen qui, d'après mes prévisions, m'éviterait les indiscrétions de l'ennemi. Encore fallait-il y arriver et, pour cela, ne pas songer à la route nationale continuellement parcourue par des troupes ou des équipages militaires circulant entre cette ville et Orléans. Mais, en revanche, quoi de mieux que l'ancienne voie romaine conduisant de Lutetia à Genabum ?

Cette voie complètement délaissée n'était pas pour me déplaire, et sa non fréquentation me séduisait beaucoup, au contraire. Le *Pavé de César*, comme on l'appelle toujours, ne traversait, entre Neuville et Etampes, que deux petites agglomérations, Autruy et Saclas (1). Celles-ci, n'ayant chacune que quelques centaines d'habitants, ne devaient pas contenir de troupes et, sauf les deux ou trois derniers kilomètres avant Etampes, nous n'avions à parcourir qu'un désert.

Pendant la nuit, une baisse barométrique avait amené le dégel auquel nous devions un brouillard très intense. Circonstance heureuse ou peut-être défavorable, si, par son fait, nous nous trouvions tout à coup nez à nez avec des soldats allemands, mais ma foi ! au petit bonheur ! et quand la traverse, qui nous séparait de la voie romaine, fut franchie, nous abordâmes tranquillement ce *ruban de queue* d'une quarantaine de kilomètres au bout duquel nous devions trouver l'ancienne capitale de ce petit Duché.

Rien n'est monotone comme une grande route, surtout quand on ne peut faire part de ses réflexions à son compagnon. Il en était ainsi pour nous, car, si le brouillard masquait notre présence, il nous empêchait aussi de voir de loin quelle était l'espèce des gens que nous allions croiser. Un éclat de voix pouvait nous signaler à ceux dont nous n'avions

---

(1) Villages de 874 et 751 habitants.

nul besoin de faire la connaissance et la perspective d'une explication avec les Allemands n'avait rien de bien agréable. Elle pouvait se terminer par l'injonction de regagner nos pénates, ce qui serait fort ennuyeux, mais elle pouvait aussi, cas beaucoup plus grave, nous envoyer en Allemagne avec suspicion d'espionnage. Très heureusement, nous n'eûmes à risquer aucune de ces alternatives. Aussi muets que les gendarmes de Nadaud après les confidences du brigadier, nous étions entourés par le silence le plus absolu.

Ce grand silence était du reste un signe des temps, car, même en hiver et à la campagne, il n'est jamais aussi complet; c'est un attelage qui passe et dont les grelots, éteints par l'éloignement, s'entendent encore; ou bien c'est un charretier gourmandant ses bêtes, pendant que les roues pesantes retombant dans les ornières envoient au loin le bruit de leurs cahots. Ici, rien, c'était bien le silence qui suit la bataille, le silence de la guerre, celui de la mort, que justement caractérisaient de loin en loin des carcasses de chevaux tués dans les combats de décembre qui avaient précédé la bataille de Loigny. Les squelettes de ces pauvres animaux attiraient encore des quantités considérables de corbeaux qui d'un vol lourd mais silencieux s'éloignaient au moment où nous passions.

Dans toute notre matinée, nous ne rencontrâmes pas une âme et, grâce à cette marche régulière que rien ne vint ralentir, quatre heures après avoir quitté Neuville, nous nous arrêtions dans un cabaret du village d'Autruy. Il était 1 h. 1/4 et le déjeuner que nous avions fait le matin était..... à 26 kilomètres de nous! Telle était, en effet, la distance réelle que nous venions de parcourir (1), soit 6 kil. 500 à l'heure, fort jolie marche pour des gens qui ne sont que de simples amateurs.

Après une grand'halte de trois quarts d'heure occupée par un goûter pendant lequel il fallut expliquer qui nous étions, ce que nous faisions, etc., nous reprîmes notre grande route à 2 heures. Il nous restait encore, au dire des gens du pays, vingt bons kilomètres à faire pour gagner Etampes. Nous

---

(1) Nous n'avions que de mauvaises cartes sans moyens exacts de mensuration, de là nos erreurs dans nos évaluations de distance, erreurs corrigées plus tard sur la carte du Dépôt de la Guerre.

étions donc certains d'y arriver à la nuit, ce qui cadrait avec mes calculs, mais ce n'était pas une raison pour nous mettre en retard, car il ne fallait pas non plus risquer de trouver les gens au lit. Nous reprîmes donc, pleins d'entrain, le pas du matin, très encouragés par la chance que nous avions eu jusque-là.

A 10 kilomètres d'Autruy, sur le point de quitter le bord de ce grand plateau beauceron, que nous traversions depuis le matin, nous nous arrêtâmes pour contempler les préparatifs d'un magnifique coucher de soleil illuminant d'une part la vallée de la Juine que nous allions suivre ; tandis que les pentes abruptes qui nous faisaient vis-à-vis entraient de plus en plus dans l'ombre qui n'allait pas tarder à être la nuit, Mais il ne fallait pas attendre ce moment. J'avais, autrefois, parcouru ce pays avec les excursions géologiques de la Sorbonne (1), et je connaissais la descente de Saclas comme un passage mauvais à faire le soir, à cause des pierres roulantes qu'on y rencontrait presqu'à chaque pas. Ce n'est pas une entorse qui eut arrangé nos affaires, mais, étant prévenus et avec un peu d'attention, nous gagnâmes sans encombre les bords de la rivière.

En arrivant à Ormoy je m'aperçus que mon compagnon commençait à se fatiguer et que l'amour-propre seul, l'empêchait d'en faire l'aveu. Un bon verre de vin chaud, pris dans un petit café de la localité, lui rendit ses forces.

A 5 heures nous repartions. Malgré le brouillard qui avait reparu de plus belle après le coucher du soleil, notre marche, qui sans cela eut été difficile le long des bords accidentés de la rivière, était discrètement facilitée par la lumière de la pleine lune que le brouillard tamisait en l'adoucissant (2). Cooper était tout guilleret à l'idée que nous étions à trois quarts d'heure à peine du terme de l'étape, et moi, je me creusais la tête pour trouver un moyen d'entrer dans une auberge, sans passer par la grande rue. Or ce moyen, cherché si infructueusement, marchait tout simplement devant nous, sous la forme d'un jeune garçon d'une douzaine d'années auquel nous dûmes faire une certaine peur avec nos grandes barbes et

---

(1) Sous la direction de M. Hébert, le professeur de géologie si passionné pour le terrain parisien.
(2) La pleine lune avait eu lieu la veille, mais elle était encore belle ce jour-là. — Elle se levait à 4 h. 59.

notre allure rapide qui ressemblait plus à celle de gens qui se sauvent qu'à celle de gens qui arrivent.

Après quelques phrases banales qui avaient surtout pour but de bien lui persuader que nous n'étions pas des Allemands (1), je lui demandai de nous conduire dans un hôtel convenable où nous pussions entrer sans nous faire remarquer. Il m'indiqua l'Hôtel de France tenu par Delanef et s'offrit gentiment à nous y conduire. La porte que cet hôtel avait sur la rivière était à cent pas.

Dès que nous fûmes en présence du patron de l'établissement : « Monsieur, lui dis-je, nous sommes des médecins
« français. Pouvez-vous nous donner à dîner et à coucher
« sans nous mettre avec des Allemands ; nous ne tenons pas
« du tout à nous trouver dans leur compagnie ? — Très volon-
« tiers, me répondit-il, mais alors il faut que vous partagiez
« ma table de famille, car ma grande salle est pleine de ces
« c...... là. » (En Beauce on appelle les choses par leur nom.)
La proposition était trop gracieuse pour ne pas être acceptée avec reconnaissance et bientôt un excellent dîner nous permettait de réparer nos forces, chose nécessaire, car nous venions de fournir une étape de 48 kilomètres ce qui peut compter même pour un bon marcheur (2).

Une cloison vitrée garnie d'un rideau rouge, séparait seule la pièce où nous prenions notre repas de celle où soupaient les Bavarois. Malgré l'assurance que me donna Delanef du respect que l'on avait toujours pour son *home*, je crus prudent de maintenir avec des épingles les coins inférieurs du rideau, de peur qu'un courant d'air, en le soulevant, ne laissât voir les deux nouveaux convives de l'aubergiste. Cela fait, je m'enquis de la santé de deux habitants que je connaissais et qui étaient connus de tous à Etampes. L'un était rentré dans Paris, l'autre se portait très bien ; c'était un

---

(1) Tout le long de notre voyage nous avons été pris pour des Allemands. A cela rien d'étonnant ; je portais un uniforme sans aucun rapport avec celui de l'armée française. Alors pour les cerveaux simplistes, je devais être un étranger, donc un Allemand.

(2) Partis à 2 heures d'Autruy, nous étions arrivés à 5 h. 50 à l'Hôtel de France, après une demi-heure d'arrêt à Ormoy, ce qui faisait 3 h. 20 de marche pour faire les 22 kilomètres qu'on nous disait séparer Etampes d'Autruy. Cette dernière partie de la marche avait donc été la plus rapide ; à cela rien de surprenant, car le début avait servi d'entraînement. Au total nous avions fait 6 kil. 540 à l'heure, vitesse déjà remarquable pour une pareille durée.

officier ministériel chez lequel un de mes bons amis, son beau-frère, m'avait mené déjeuner quatre ou cinq ans auparavant, justement un dimanche d'Epiphanie comme celui où nous étions. J'appris avec plaisir que, sauf les garnisaires, que chacun devait recevoir bien entendu, il n'avait pas eu trop à souffrir de l'invasion. Quand les ennemis lui avaient demandé où était sa caisse ? — « Mon Dieu ! je crois qu'elle « est à Pau, avec ma femme qui l'a emportée ! Est-ce que « vous n'en auriez pas fait autant à ma place ? »

Les Allemands n'étaient pas bien tendres en 1870. Nous avons vu à Balan (faubourg de Sedan), à Artenay, à la Croix-Briquet et dans bien d'autres endroits, des preuves cruelles de leur façon froide et sanguinaire de comprendre la guerre, mais ils n'avaient pas encore élevé la terreur et la basse cruauté à la hauteur d'un dogme qu'il faudrait leur faire avaler maintenant, jusqu'à ce qu'il les étouffât. Les aberrations les plus épouvantables du romantisme, dans ses recherches de l'horrible, seraient des peines encore trop douces pour les monstres que nous voyons aujourd'hui. Bref, sauf les cas de résistance bien démontrée comme Châteaudun et malheureusement trop d'autres petites localités qui devaient payer pour la masse et servir d'exemple, ils inquiétèrent peu les habitants des pays du centre, et M. X*** passa sans vexations le temps de l'occupation à Étampes.

Comme je nommais encore d'autres propriétaires des environs : — « Ah ça, mais vous êtes donc de notre pays que « vous y connaissez tant de monde ? — Non, mais j'ai un « oncle qui habite Saint-Chéron, pas bien loin de Dourdan, « et le médecin du pays M. Bouillon-Lagrange est mon ami « d'enfance, c'est là que j'ai passé toutes les vacances de ma « jeunesse. Du reste il y a longtemps que je suis venu à « Etampes pour la première fois. J'avais vingt et un ans, « c'était donc il y a neuf ans. Connaissez-vous celui qui, à « cette époque, tenait l'Hôtel du Bois de Vincennes ? — C'était « moi, Monsieur. — Alors, vous vous souvenez peut-être « d'avoir vu arriver, un dimanche matin de novembre 1861, « une grande calèche contenant quatre individus morfondus « qui firent allumer un grand feu et commandèrent un « déjeuner bien simple pour un camarade à eux qui les « suivait et qui, arrivant à pied de Paris, avait l'intention de « coucher le soir même à Orléans ? Et bien, ce marcheur,

« c'était moi ! — Vous, Monsieur, pas possible ! » Et là-dessus, voilà un homme qui s'élance dans la cour en criant : « Eugène ! Eugène ! » Eugène arrive et tout de suite : « Tu ne voulais « pas me croire ! tu ne voulais croire personne quand j'te « disais qu'il était passé par chez nous un Monsieur de Paris « qui avait gagé de faire trente lieues entre deux soleils et « qui avait gagné son pari. Eh bien le v'là. Tu diras pas non « maintenant ! » Eugène qui, décidément, était de la famille de saint Thomas, courut chercher son beau-frère, un certain Chevalier qui, avec ses chevaux, avait conduit mes partenaires jusqu'à Orléans. Chevalier me reconnut, à la grande confusion d'Eugène, mais alors ce furent des questions à n'en plus finir que les nombreuses tournées d'une excellente eau-de-vie, tirée exprès d'une armoire secrète, prolongèrent jusqu'à onze heures du soir (1).

L'admiration que ce petit exploit sportif m'avait valu auprès de ces braves gens, me fut utile d'une façon particulièrement tangible. Un des chefs de section de l'Ambulance m'avait prié, si cela ne me mettait pas trop en dehors de ma route, de prendre des nouvelles de parents à lui qui habitaient, les uns à Lardy, les autres à Torfou. Comme il me fallait absolument coucher le lendemain soir dimanche à La Ferté-Alais pour rester fidèle à mon programme, je considérais avec une certaine préoccupation ces deux détours importants qui allaient presque doubler notre étape, et cependant, je désirais beaucoup rendre ce service à mon collègue. Chevalier, à qui je confiai mon embarras me tranquillisa immédiatement : « Monsieur le Major, je vous con« duirai moi-même et ça ne vous coûtera pas plus cher qu'à « un homme du pays. »

Dimanche 8 Janvier.

Le lendemain, dès l'ouverture des bureaux, je me rendais à la mairie, où je fus reçu par M. Brunard, gros minotier, qui avait bravement accepté, dès le mois d'août, les délicates et parfois dangereuses fonctions de maire. Son tact et sa

---

(1) J'ai raconté cette marche en détail dans *La Nature* du 30 janvier 1897.

parfaite mesure le firent toujours tenir en très haute estime, autant par les Allemands que par ses administrés. Il me déclara que notre Ambulance n'avait rien à faire à Étampes ; qu'il y était arrivé à un moment donné plusieurs milliers de blessés, mais que le chirurgien en chef avait, en fort peu de temps, débarrassé la ville de cette cause de gêne pour les mouvements militaires. Tout ce qui était transportable avait donc été évacué sur l'Est et on n'avait gardé ici que les blessés dont l'état était trop grave. Les quelques survivants allaient partir sous peu de jours. Mes recherches, du côté de Fontainebleau, ne lui parurent pas avoir plus de chances d'aboutir pour des raisons identiques à celles qu'il me donnait ; du reste, me dit-il en demi-confidence, j'ai tout lieu de croire que nous sommes beaucoup plus près de la fin qu'on ne croit. Paris doit être sur le point de manquer de farine et par conséquent ne tiendra pas longtemps. Le cœur serré, je quittai cet honnête homme qui, aussi patriote qu'aucun autre, jugeait, sans ridicule forfanterie, les choses comme elles devaient l'être.

Après déjeuner, Chevalier vint nous prendre avec sa voiture et nous partîmes rondement.

Je vis à Lardy, M. et Mme D..., parents de mon collègue et poussai jusqu'à Torfou où j'achevai cette partie de ma mission.

Là, un maréchal ferrant m'apprit : 1° que mon oncle était rentré dans Paris avant l'investissement pour être plus à portée de ses fils servant dans la mobile ; 2° que les Prussiens venaient d'éprouver un échec très grave aux environs de Créteil ! — La première de ces nouvelles n'était pas, hélas ! plus vraie que l'autre ! — Mon oncle était resté chez lui, et, depuis le 21 décembre (combat de Ville-Evrard), il n'y avait pas eu la moindre action sur la Marne ; cependant, l'esprit humain est ainsi fait, que je préférais ces fausses nouvelles cadrant mieux avec mes désirs, à la sage et froide vérité du maire d'Étampes.

Notre retour à Lardy et la route de Lardy à La Ferté ne furent marqués par rien de saillant ; mais le froid avait reparu, il devenait même très vif avec le coucher du soleil, et un fin grésil nous cinglait la figure.

Un factionnaire bavarois qui était à l'entrée de la ville, nous présenta les armes. On nous prenait heureusement pour des médecins allemands et cela nous arriva encore une ou deux fois dans le cours de ce petit voyage.

Il était six heures moins un quart quand nous arrivâmes à l'Hôtel de l'Ecu, mais pas la moindre place ! Avec une solide poignée de mains nous nous séparâmes de Chevalier qui venait de nous rendre un grand service et nous en rendit un autre au moment de nous quitter.

Sur son conseil nous allâmes trouver M. Milliard qui aux fonctions de notaire joignait celles de maire de La Ferté. Comme dans l'une et l'autre de ses fonctions, il apportait son aménité naturelle, les rapports qu'on avait avec lui ne pouvaient être qu'agréables. Sur la présentation de nos cartes de visite appuyées du sauf-conduit de notre chef d'Ambulance : « Eh bien, Messieurs, vous allez me faire le plaisir de « dîner avec moi et de coucher ici. Je serai malheureusement « seul pour vous recevoir parce que ma famille est dans le « midi ; mais vous excuserez les incorrections du service ». — Puis il nous fit entrer dans son atelier. C'est là, en effet, qu'il passait sa vie, quand son Etude ou la Mairie ne réclamait pas sa présence. Cet officier ministériel était un fort habile tourneur et sculptait sur bois à ravir, aussi tous ses amis avaient-ils des souvenirs de lui sous forme de pipes et de têtes de cannes.

Les Bavarois avaient commencé à arriver le 18 septembre. Depuis ce temps il y en avait toujours eu un détachement à La Ferté qui était devenue une étape et, par conséquent, lieu de halte continuelle pour les troupes. Des prisonniers étaient également passés par là. Aussi la guerre avait-elle déjà coûté plus de 100.000 francs à la petite ville.

Dans la soirée nous entendîmes pour la première fois quelques sourdes détonations dans le Nord, et rapprochant ces bruits sinistres des articles du *Moniteur de Versailles* que nous lisions au moment même, nous ne doutâmes plus que ce fut l'entrée en scène des canons Krupp destinés à bombarder Paris.

Lundi 9 Janvier.

A 9 h. 1/2 nous partions accompagnés de notre très aimable hôte, dont la présence nous fit passer sans accroc devant la sentinelle allemande.

Nous entrions à ce moment dans la partie la plus délicate de notre petit voyage. Nous ne suivions plus une route fréquentée dans le sens ordinaire des étapes allemandes, c'est-à-dire sud-nord, et si nos chances de rencontres étaient petites, nous étions certains, par contre, d'être sévèrement interrogés par le premier caporal teuton sous les yeux duquel nous tomberions. Il y avait eu, pendant plusieurs semaines, des francs-tireurs dans ce pays tout couvert de bois et de rochers, et les horribles représailles qui avaient suivi le départ de ces braves gens, ne satisfaisaient pas l'ennemi. J'ai toujours été convaincu du reste, que la terreur manifestée par les Allemands, à l'énoncé seul de ce nom de *franc-tireur*, était, en partie, factice et qu'elle avait surtout pour but d'expliquer la rigueur avec laquelle ils voulaient frapper toute velléité de résistance individuelle et en interdire même l'idée. Or les chemins que nous suivions, n'étaient fréquentés que par des gens du pays, des paysans, et, avec nos costumes demi-militaires, demi-bourgeois, nous avions, dans ces parages, bien plutôt l'air d'espions que de médecins.

Cependant notre bonne étoile nous suivit tout le temps. Mon ami J. Thévenet, ingénieur civil, gestionnaire de notre ambulance, m'avait donné un mot d'introduction pour M. B....., habitant la ferme de Limery à 20 minutes au sud de Soisy-sur-Ecole. Nous y arrivions à 11 h. 1/2, juste à temps pour nous faire inviter à un excellent déjeuner (1).

(1) Jules Thévenet, ingénieur civil, était resté en cette qualité sept ou huit ans au moins au Canal de Suez. Il était vice-consul de Russie à Port-Saïd quand l'achèvement du canal le fit rentrer en France. D'environ cinq ans plus âgé qu'Ulysse Trélat, il était lié d'enfance avec lui, comme ami intime de son frère aîné Emile, le fondateur de l'Ecole d'Architecture. — L'entomologie nous avait réunis et nous avions fait ensemble bien des excursions quand la guerre éclata. Sachant que je cherchais à partir, il me demanda si je ne pouvais l'emmener avec moi. Je le présentai à Armand Després, chef de la VII⁰ Ambulance, qui le nomma sur l'heure son premier comptable. Malheureusement les originalités et le caractère insupportable de ce parfait honnête homme qu'était ce chirurgien *ennemi de la propreté*, firent quitter son ambulance à beaucoup de ses officiers. Je fus du nombre et quand M. Trélat m'eut rendu le service inoubliable de me prendre avec lui, Thévenet vint le trouver et grâce à leur intimité (ils se tutoyaient) une place de comptable lui fut donnée. Il ne tarda pas à devenir le chef de cet emploi pour le plus grand bien de l'ambulance. C'était un homme extrêmement et universellement instruit ; si l'on joint à cela la courtoisie dauphinoise la plus recherchée (il était de Grenoble), on aura une idée du charmant compagnon de voyage qu'il était. A ce tableau il y avait une ombre. Des opinions d'une nuance un peu trop

A 2 heures nous remercions M. B....., et quittant alors franchement toute espèce de grande route, ne prenant que les chemins vicinaux et quelquefois des sentiers, nous renseignant comme nous pouvions, mais bien rarement, nous laissâmes Cély sur notre gauche, et gagnâmes Fleury-en-Bière où les Allemands n'avaient jamais séjourné même une nuit, le voisinage des bois leur étant toujours suspect.

A 4 heures nous touchions aux premières maisons de Barbizon.

Un placard blanc, de 40 sur 30 centimètres environ, attira notre attention et les derniers rayons du soleil couchant nous permirent de lire une affiche bilingue assez curieuse. Elle répondait à la proclamation du maréchal de Molke, refusant de reconnaître les francs-tireurs et donnant l'ordre de les exécuter partout où on en rencontrerait. — Le commandant de Mondésir, chef d'un corps franc, promettait de cruelles représailles si un seul de ses hommes tombait victime de la barbarie allemande, il promettait également une punition exemplaire aux Allemands et au propriétaire de la maison, si son affiche était lacérée. Celle que nous lisions et qui datait

---

accentuée arrêtaient toute conversation politique que l'on pouvait avoir avec lui. C'était bien moins la République que le Socialisme qui l'intéressait. C'était un Gracque et quoique n'appartenant pas à une aussi illustre famille, il en avait pourtant un peu l'aristocratie. Je ne crois pas qu'il eut brûlé son gant comme Jean Sans Peur s'il avait touché la main de Capeluche, mais il ne s'en serait certainement plus servi. Ses relations avec le parti avancé se sont terminées de façons trop étranges pour que je résiste au désir de les raconter. Il habitait rue de Douai un coquet petit hôtel qu'il avait fait arranger à l'orientale, avec divans, lampes de mosquées, tapis et superbes panoplies d'armes de toutes les époques et de tous les pays Quand la Commune éclata, il poursuivait à la Société de Secours aux blessés la liquidation de l'Ambulance, mais il y fut absorbé bien davantage par les soins et les répartitions que réclamaient les blessés des deux partis, de sorte qu'il était rarement chez lui. Cependant les Communards de Montmartre avaient bien envie de ces belles armes, mais comment les prendre à un *ami*?

Voici le moyen auquel on eut recours. Les Fédérés de Montrouge venaient, par roulement, faire le service de la Butte et *vice versa*. Un jour que ce changement avait eu lieu, ceux de l'avenue d'Orléans et de Plaisance vinrent réquisitionner rue de Douai, et la farce était jouée. Dame! qui ne fut pas content le soir, en rentrant, ce fut notre charmant idéologue. Le lendemain, une chasse en règle lui permit de rentrer dans une partie, mais une partie seulement des objets confisqués. Il n'aimait pas qu'on lui rappelât ce souvenir.

J. Thévenet mourut fort tristement en 1875, et un de nos grands littérateurs modernes crut pouvoir introduire sa sympathique physionomie dans un de ses principaux romans à clé.

de près deux mois, était protégée avec le plus grand soin par un grillage en fil de fer qui la dépassait dans tous les sens. Elle était parfaitement intacte.

A 5 ou 600 mètres de là se trouvait l'auberge fameuse du père Ganne, que sa fille et son gendre, le ménage Luniot, dirigeaient depuis plus de dix ans.

Là, j'étais en quelque sorte chez moi. Sept ou huit fois au moins j'y étais venu, prenant ce joli hameau comme centre d'excursions entomologiques, et je fus reçu comme un membre de la famille.

Barbizon avait l'air d'une ville morte. On ne voyait personne dans son unique rue. On n'entendait pas un aboi de chien et, sans la fumée qui sortait de quelques toits, on aurait pu croire ce hameau privé de ses habitants, par suite d'une épidémie ou d'une énorme épouvante. Et pourtant, aucune trace d'incendie, aucune destruction de maison ou de chaumière n'était là, comme en tant d'autres petites localités, pour accuser la guerre de cet état de chose! Les Allemands étaient venus, mais ils avaient passé très vite, en disant : ARTISTES, et on ne les avait plus revus. On pensait même qu'une grande influence avait protégé cette petite cité des peintres; en effet, une parente très proche du chancelier de fer, accompagnée de deux grands personnages, était venue passer là quelques jours l'été précédent, et c'est à elle que les barbizoniens rapportaient leur tranquillité. — La raison très naturelle qui causait ce silence général, c'était le grand vide causé dans ce village par l'exode de la majorité de ses habitants.

Beaucoup étaient rentrés dans Paris soit pour s'engager dans les bataillons de marche avec Regnault, ou dans les zouaves comme mon ami Ol. de Penne, soit tout simplement pour être dans le grand centre d'intelligence que constituait encore la grande ville assiégée. En somme, il restait à Barbizon : 1° le Suisse K. Bodmer dont les opinions germanophiles faisaient un paria; 2° Lainé; 3° Gassies; 4" Chaigneau, le peintre des moutons, lequel avait eu le tort de transformer son bel atelier en une élégante ambulance, malheureusement sans malades et sans médecin; 5° Harrisson, citoyen anglais, merveilleux photographe opérant pour la maison Goupil et qui, avec sa femme et ses trois charmantes filles, habitait la maison de Jacques, l'ami des poules. Quant à Millet, le penseur, le peintre des paysans et de la glèbe, il s'était réfugié avec tous les siens dans son pays natal, Gréville, à l'extrémité ouest du Cotentin.

La soirée se passa à causer de la situation bien triste dans laquelle on soupçonnait Paris, et de quoi aurait-on pu parler ? Nos paroles étaient accompagnées des mêmes bruits sourds et effrayants entendus la veille et ils allaient se faire entendre ainsi jusqu'à l'armistice, 27 janvier !

Mardi 10 Janvier.

Pendant la nuit, il avait neigé ; le froid était vif et, dans ces conditions, la course de Fontainebleau manquait d'agréments. Dans la matinée on me pria de voir l'enfant d'un voisin de Luniot et le père auquel je faisais part de mes incertitudes, me proposa de faire cette course pour moi. Je lui donnai donc deux lettres, une pour Denecourt, le fameux Sylvain, l'autre pour un ami intime de mon père, M. Du Pays, critique d'art distingué, qui depuis une quinzaine d'années s'était retiré à Fontainebleau et y connaissait tout le monde. Tous deux et même l'un à défaut de l'autre, étaient parfaitement capables de me renseigner, mais c'était surtout par acquit de conscience que j'agissais ainsi. A Barbizon, comme à La Ferté, comme à Etampes, on m'avait tenu le même langage, et je ne pouvais douter qu'il en fût de même à Fontainebleau, cependant un forestier ayant entendu dire qu'on y attendait le lendemain un grand passage de troupes, je tins à exécuter jusqu'au bout mon programme et nous accompagnâmes notre homme jusqu'à un chêne qui n'existe plus maintenant, et, qu'à cause de sa forme tourmentée, on appelait le *Rageur*. Mon projet était d'attendre mon messager dans ces environs, et de me rendre à Fontainebleau si un de mes correspondants était là. J'aurais en effet trouvé en lui un appui moral qui me manquait de plus en plus, à mesure que je m'éloignais de ma base, autrement dit de mon ambulance.

Donc, en attendant l'heure du retour, et pour faire les honneurs de la forêt à mon compagnon, je le menai à la Tillaie où nous vîmes étendu tout de son long un des deux jumeaux Hoche ou Marceau. Un ouragan sec, un cyclone qui, en juin 1870, s'était déchaîné sur la forêt, avait amené cette épouvantable chute. Quand on songe que cet ancêtre de la futaie avait au moins 1ᵐ60 de diamètre, on frémit à la pensée de ce qui aurait pu advenir si des promeneurs se mettant à l'abri dans leur voiture se furent trouvés là au moment psychologique? De là je gagnai la *Caverne des Brigands* d'où la vue, sur cette vaste étendue d'arbres couverts de givre, était réellement féerique, aussi la rareté d'un semblable spectacle devait en graver le souvenir dans l'esprit de citadins comme nous.

L'admiration n'étant pas suffisante pour nous réchauffer, j'allumai dans la cheminée naturelle de la caverne un bon feu de branches mortes ramassées ça et là et quand j'estimai que l'heure du retour de mon messager approchait, nous gagnâmes vivement le sentier du Bas-Bréau dans lequel nous étions forcés de le rencontrer. Effectivement, après avoir constaté que la neige du sentier ne contenait que des pas allant sur Fontainebleau, ou les pieds de nombreuses hardes, nous vîmes, au bout de peu de temps, poindre notre homme.

Il n'avait trouvé personne. M. Denecourt était à Montpellier et M. Du Pays en Suisse. Dès lors, qu'aurais-je été faire dans cette galèree, n'y connaissant plus âme qui vive ?

En traversant le Bas-Bréau nous fûmes tristement impressionnés par les traces qu'avait laissées le cyclone du mois de juin, celui qui avait terrassé le Hoche. Partout ce n'était que branches énormes brisées, chênes tordus sur eux-mêmes, quelques-uns complètement arrachés et pas des moindres, car il y en avait qui comptaient dans les vénérables ! Nous fûmes rejoints par deux forestiers qui nous annoncèrent que les francs-tireurs étaient dans la forêt, et en arrivant à Barbizon on nous reçut avec la même nouvelle. En approfondissant les choses, je ne tardai pas à découvrir que la seule fumée de notre feu avait fait marcher toutes ces imaginations et je fus une fois de plus à même d'apprécier la confiance qu'on doit avoir dans les nouvelles recueillies à droite ou à gauche, surtout, hélas ! quand elles sont bonnes.

Ce qu'il y avait de plus certain dans tout cela, c'est que, sans avoir réussi, ce qui n'était pas notre faute, nous avions fait tout ce que nous devions faire, que notre randonnée était à peu près accomplie, que nous étions au mardi soir 10 janvier et que je m'étais engagé d'honneur à me trouver le mercredi 11 au château du Coudreceau. Or il y avait au moins 75 kilomètres de Barbizon à Loury et je ne pouvais songer, par le froid qu'il faisait, à entreprendre une pareille étape. Malgré toutes les précautions hygiéniques usitées en pareil cas, je ne voulais pas risquer un arrêt forcé causé par la fatigue, arrêt qui aurait pu avoir des suites fâcheuses dans ces pays gouvernés par les Allemands. Tandis que je pouvais laisser mon compagnon à Pithiviers, à Chilleurs, partout où j'aurais trouvé un toit, car sa qualité d'Anglais le mettait à l'abri de tout ennui, j'étais obligé, moi, d'être exact au rendez-vous, pour ne pas mettre dans l'inquiétude mon chef d'Ambulance.

Je regrettais donc, *in petto*, notre promenade artistique dans la forêt givreuse, promenade qu'on aurait pu remplacer avec avantage par une petite étape sur Malesherbes, quand Luniot m'enleva heureusement toute inquiétude. Pendant mon absence, il avait entrepris un de ses voisins, possesseur d'une voiture et d'une haridelle. Ce brave homme, pour un prix modique, consentait à me conduire le lendemain à Malesherbes, moyennant une attestation dans laquelle je déclarerais que c'était l'*Œuvre de Secours aux blessés qui avait réclamé et soldé ses services*. Je lui donnai un superbe certificat sur lequel Chaigneau, en grande pompe, apposa le timbre de l'Ambulance de Barbizon. Ce timbre était vierge mais il ne fut point martyr et ne servit plus jamais : Telle était sa destinée !

C'était fort joli de se faire conduire à Malesherbes, mais de cette ville au château du Coudreceau on comptait 46 ou 48 kilomètres au moins, et j'aurais voulu que Cooper se préparât par une bonne nuit à cette étape que le froid allait rendre assez rude, mais la joie de passer une soirée avec des compatriotes l'empêcha d'écouter les conseils de la raison, et comme ce n'était pas Londres qu'on bombardait il fit largement honneur au thé ainsi qu'au punch de M. Harrisson dont j'avais décliné la très aimable invitation.

Mercredi 11 Janvier.

Nous montâmes en voiture à 7 h. 1/2. La neige avait cessé de tomber, mais le froid (— 8°) était d'autant plus vif qu'il s'accompagnait d'un vent violent. Dans certains endroits de la route, le cheval, heureusement ferré à glace, rencontra un peu de verglas, mais ce dangereux phénomène ne se montrait que rarement et retarda peu notre course.

On regrette vraiment de ne pas avoir :

> ..... un gentil brin de plume
> A son crayon

pour dire toute la féerie des bois d'Arbonne et de Milly que nous avions à traverser : Silence de ouate, forêt enchantée, taillée entièrement dans le givre, la neige recouvrant toute la terre à perte de vue ; soudain une branche craque et tombe, c'est le givre qui la surcharge et s'éparpille en pluie de diamants. L'impression que ce spectacle me laissa dût être bien vive, pour qu'avec quelques mots mis en abrégé sur mon carnet, je retrouve cette scène magique comme si j'y étais encore.

Un peu avant d'arriver à Malesherbes, nous quittâmes notre brave conducteur qui avait mis trois heures pour nous faire faire 28 kilomètres et nous attaquâmes en courant la descente assez raide qui mène à la ville. Là, les factionnaires nous présentèrent les armes et nous croisâmes deux officiers d'Ambulance qui nous saluèrent, tout en paraissant fort surpris de nous rencontrer.

Quoique ce fut jour de marché, nous ne fîmes aucune tentative pour trouver une voiture allant vers Pithiviers. J'avais hâte de sortir de ce nid d'Allemands, et moins d'un quart d'heure après, nous étions lancés de notre plus grand pas sur cette route du Gâtinais qui, comme toutes ses sœurs, avait l'épouvantable défaut d'être d'une monotonie désespérante. Cette monotonie n'était, du reste, à ce moment, que géographique, car les éléments semblaient s'être donné le mot pour nous distraire. Le vent qui était assez vif le matin, avait pris, sur cette grande plaine, une importance de tempête ; le grésil, depuis quelque temps de la partie, était chassé horizontalement, permettant ainsi de croire qu'un semeur gigantesque mais invisible poudrait de sel les guérets. De loin en loin une carcasse de cheval et des corbeaux en troupe, comme sur le Pavé de César, et quelquefois, à même la route, des petites boules blanches ; c'étaient de pauvres alouettes mortes, saisies par le froid avant d'avoir pu gagner un sillon et déjà couvertes du blanc linceul sous lequel tout disparaissait.

Il y avait trois grandes heures que nous marchions ainsi et nous n'étions plus bien loin de Pithiviers dont on voyait le joli clocher, quand un bruit de grelots nous fit tourner la tête. Un cabriolet, que le vent nous avait empêché d'entendre arriver, était derrière nous. Son propriétaire nous invita à monter et nous acceptâmes avec reconnaissance : Quinze cents mètres en voiture sont toujours bons à prendre.

Notre conducteur nous mena à l'Hôtel de la Poste où, suivant notre habitude, nous n'entrâmes pas par la grande porte et, pendant que le Commandant de la place de Pithiviers faisait beaucoup de bruit dans la salle commune en mangeant avec ses officiers, nous prîmes une place beaucoup plus sûre et plus agréable aussi, à la table de famille de M. Maitre, propriétaire de l'Hôtel et l'habile faiseur des fameux pâtés.

Une heure après notre arrivée, à 2 h. 1/2, nous nous remettions en route pour faire les 27 ou 28 kilomètres qui nous séparaient encore de l'Ambulance et, comme le vent était tombé, la route jusqu'à Chilleurs-aux-Bois ne nous parut pas trop pénible.

Il n'en fut pas de même de Chilleurs à Loury. Le chemin qu'on nous conseilla de prendre comme étant le plus court, nous ménageait les plus dures péripéties de notre voyage : nuit noire, chaussée défoncée par le génie militaire ou défendue en d'autres endroits par des *trous de loups* que dissimulait à moitié une épaisse couche de neige. Quand on ne savait pas les reconnaitre on y entrait jusqu'aux genoux, c'était charmant ! Enfin nous arrivâmes.

Mon brave compagnon, peu soucieux de recueillir les éloges dus à son énergie, gagna directement son lit au château de la Chenaye, et dix minutes après, à 7 h. 30, cinq heures après avoir quitté Pithiviers, douze heures après avoir dit adieu à Barbizon, je frappais à la porte du Coudreceau.

La surprise ne fut pas générale, car beaucoup de mes camarades comptaient absolument sur mon exactitude, mais l'accueil fut quand même des plus chaleureux. Il fallut, bien entendu, faire un récit détaillé de notre excursion et quand j'eus fini : « Eh bien ! mon cher ami, me dit M. Trélat, ce que
« vous n'avez pas rencontré, tout en vous donnant beaucoup
« de peine, est venu, comme la Fortune de La Fontaine, nous
« trouver dans notre lit. Mme Ménière vient d'envoyer une

« lettre à son fils et le messager nous a affirmé qu'on pouvait
« aller d'ici à Châtillon-sur-Loing sans avoir maille à partir
« avec les Allemands. — Oui, cher ami, dit Emile Ménière,
« et comme il faut que nous contrôlions les assertions de ce
« brave homme, nous partirons aussitôt que tu voudras pour
« faire cette route. » J'acceptai bien entendu, et il fut convenu que nous partirions le surlendemain, pour profiter d'une voiture qui allait justement à Vitry-aux-Loges ce jour-là.

Vendredi 13 Janvier.

Munis de tout ce qui peut garantir du froid dans une voiture découverte et par une température de — 8°, nous nous mîmes en route. Presque toutes les semaines, des hommes de l'Ambulance allaient aux provisions dans ces parages et les soldats hanovriens qui occupaient le poste assez important de Fay-aux-Loges, étaient habitués à voir notre uniforme passer sans formalités sur ce croisement de routes. Nous espérions bien qu'ils agiraient de même avec nous, et aussi avec le gros de la troupe, mais à cet égard nous étions dans la plus grande incertitude.

En attendant, nous arrivâmes sans encombre à Vitry-aux-Loges. Le maire que nous connaissions déjà, M. de Beauregard, nous raconta qu'il avait eu mille difficultés avec les Allemands et qu'il était toujours à la veille d'en avoir d'autres : qu'on venait d'exécuter sommairement un pauvre fermier des environs pour avoir caché deux de ses voitures : que, malgré les grandes relations de sa famille, la duchesse de La Rochefoucauld d'Estissac qui, moins de six semaines auparavant, nous avait donné une si charmante hospitalité, s'était si bien vue débarrasser de son vin, qu'elle ne buvait plus que de l'eau, etc., etc., etc. Il nous dit aussi que nous ferions bien d'interrompre l'envoi de nos blessés *déguisés* parce qu'il avait tout lieu de croire que les Allemands étaient prévenus par de misérables espions, et, que ce ne serait plus la liberté que nous donnerions ainsi à nos hommes, mais bien une mort aussi sûre que prompte, au coin d'un mur. — Nous pûmes calmer ses craintes d'un seul mot, *nous n'avions plus de blessés*, et sa charité patriotique que nous avions mise si souvent à contribution, ne troublerait plus ses nuits par d'affreux rêves dans lesquels le poteau d'exécution servait d'appui tantôt à un évadé français, tantôt à lui, maire de Vitry-aux-Loges !

Bouilly, l'aubergiste de Vitry chez lequel nous venions de déjeuner, nous proposa d'accompagner son frère qui se rendait à Chicamour ; or, si mal suspendue qu'elle fût, la carriole valait toujours mieux que 7 kilomètres à pied et nous acceptâmes avec joie, d'autant plus que n'ayant pas de cartes et les croisements de routes étant assez fréquents jusqu'à une certaine distance de Vitry, nous risquions de nous égarer.

Arrivés à Chicamour et certains de ne plus avoir à nous tromper, nous quittâmes notre conducteur en le remerciant d'autant plus vivement que les affaires qui l'appelaient dans ce petit pays n'étaient pas bien importantes et que le désir de nous rendre service avait été pour lui le vrai mobile de cette excursion.

De Chicamour, par Châtenoy et Grignon, nous atteignîmes Lorris : Lorris, que de souvenirs ! Depuis l'auteur du *Roman de la Rose*, jusqu'aux séjours de Charles VI et Charles VII dans ses environs ; Lorris enfin qui, à un charmant Hôtel de Ville du xve siècle et à une jolie église du xie (madame, ne soulevez pas toutes les miséricordes), joignait cette qualité inestimable, je dirai même supérieure à toutes les qualités que peut présenter un pays, celle de n'avoir jamais vu le pied d'un soldat étranger souiller le sol de ses rues !

Le maire nous donna un billet de logement à présenter chez M. X..., percepteur. Ce célibataire endurci quoique jeune, aussi patriote qu'un soldat de Jemmapes ou de Valmy, nous reçut avec la plus grande affabilité. Lui aussi ne se faisait pas plus d'illusions que le maire d'Etampes, cependant, disait-il, si Paris peut tenir encore, les Allemands ne pourront résister sur un front aussi étendu, et un jour ou l'autre ils seront obligés de fléchir. — Ce jour malheureusement ne devait jamais venir. Ce brave citoyen, grand chasseur et excellent tireur, avait deux fusils portant admirablement la balle, les sangliers et les biches de la forêt en savaient quelque chose ; il n'avait jamais voulu porter ses armes à la mairie. « Ma foi non, disait-il, j'espère bien un « jour ou l'autre, avoir l'occasion de descendre un de ces.. ... « sangliers-là et comment ferai-je si je n'ai pas de fusils ? Je

« sais que si les Allemands viennent à Lorris et trouvent
« mes armes, je passerai un fichu quart d'heure, mais bah !
« ils ne les trouveront pas (1). »

Samedi 14 Janvier.

Le lendemain une bonne voiture nous conduisait à Châtillon-sur-Loing où, après avoir offert mes respects à Mme Ménière, j'eus l'honneur d'être présenté au grand-père de mon ami, à un des doyens de la science française, M. Ant. Becquerel.

Le savant professeur du Muséum était encore très droit dans sa haute taille sous laquelle on devinait l'ancien officier du premier Empire. Il portait gaillardement ses quatre-vingt-deux ans et pourtant, s'il avait voulu, il avait, pour s'appuyer, chose rare à toutes les époques, son fils qui, à ce moment dans la force de l'âge, était connu de toute l'Europe pour ses travaux sur l'électricité, et son petit-fils qui deux ans plus tard entrait à l'Ecole polytechnique et en succédant à son père et à son grand-père dans la chaire du Muséum, devait rendre son nom inséparable des travaux sur la radioactivité.

Dimanche 15 et Lundi 16 Janvier.

L'homme qui nous avait amenés de Lorris m'ayant prévenu que rentrant chez lui le lundi, il me proposait de me reconduire jusqu'à Lorris, si je voulais l'attendre, j'acceptai avec empressement. L'étape de Châtillon à Loury aurait été un peu trop dure, et d'autre part, ne prévoyant pas la lenteur qu'on mettrait à se mettre en route, j'avais hâte d'être de retour. J'eus donc toute la journée du dimanche pour visiter Châtillon, ses ruines, berceau de la famille de Coligny et les charmants bords du Loing ; mais je n'écris pas un guide

---

(1) Je ne pense pas qu'un seul lecteur s'attende à me voir révéler cette cachette. Ce procédé justement merveilleux parce qu'il est très simple, irait enrichir les livres indicateurs des espions allemands. Je me rappelle que pendant un procès célèbre qui se déroula peu après la guerre, je blâmai très fort un témoin qui, pour exalter sans doute son esprit inventif, indiqua au Conseil de guerre la manière dont il faisait passer des nouvelles à travers les lignes ennemies. C'est dommage, dis-je, voilà un procédé brûlé maintenant, et il aurait pu servir longtemps, si X*** n'avait pas parlé.

descriptif et ce que je peux faire de mieux, c'est, ami lecteur, de vous donner le conseil d'aller rendre visite à ce joli pays, vous ne regretterez pas le temps que vous y passerez.

Après avoir fait mes respectueux adieux à l'illustre famille de mon ami Ménière qui allait nous attendre *at home*, je partais le lundi matin avant le jour. Trois heures après j'étais à Lorris ; à 1 heure je déjeunais à Vitry et à 5 h. 1/2 j'entrais au château du Coudreceau, me doutant à peine que je venais de faire 52 kilomètres par un dégel morfondant.

Samedi 21 Janvier.

Le problème était résolu, j'étais passé en voiture ou à pied, plusieurs fois et coup sur coup devant le poste hanovrien, sans avoir jamais été l'objet d'aucune investigation, d'aucune manifestation de curiosité. Il devenait bien probable que notre groupement n'éveillerait pas plus de susceptibilités. Du reste, il n'y avait pas de milieu, c'était cela ou rien. M. Trélat hésitait et c'était très naturel. Il craignait que les Allemands fissent l'Ambulance prisonnière pour avoir transgressé les ordres reçus, et l'idée d'un échec, alors que tout lui avait si bien réussi jusque-là, le rendait de très mauvaise humeur. Un dernier argument cependant, mit fin à ses hésitations. « Admettez, mon cher maître, lui dis-je, que les Allemands vous interdisent le passage, que voulez-vous qu'ils fassent de vous. Ils vous enverront bien vite rejoindre le Coudreceau ou la Chenaye, autrement vous les embarrasseriez infiniment car les soixante hommes qui, officiers ou infirmiers, composent l'Ambulance pourraient parfaitement mettre le poste hanovrien en fausse situation. Et puis, s'ils voulaient vous faire prisonniers, ils ne sauraient même pas où vous mettre. »

Le départ fut donc décidé, mais comme il y avait toujours des difficultés pour la mise en marche de cette grande machine, on convint de ne partir que le dimanche 22 janvier.

Tout en étant très chaud partisan et l'un des plus ardents promoteurs de ce départ, je résolus de nous aider un peu pour que le ciel nous aidât beaucoup, et voici comment je m'y pris : Je partirais en éclaireur, vingt-quatre heures avant l'Ambulance et, arrivé à l'étape que nos hommes devaient atteindre à leur tour le lendemain, je me procurerais un mes-

Le Pileur fecit.
Chapelle de l'église Saint-Cyr, à Nevers.

sager sûr auquel je remettrais une certaine somme en lui assurant que pareille somme lui serait comptée quand il aurait trouvé M. Trélat, et se serait fait reconnaître de lui. Il ne portait du reste aucun papier, aucune lettre, pas la moindre carte de visite. La communication purement verbale dont je le chargerais, était : *Vous pouvez, ou, vous ne pouvez pas passer.* Quant au signe de reconnaissance il me demanda plus de recherches, car il fallait un objet banal ne prenant d'importance que par le sens qu'on lui donnait. En payant une boîte d'allumettes avec une pièce de 50 centimes, je trouvai dans les 40 centimes qu'on me rendit tout ce que je cherchais. Depuis le commencement de la guerre, le nom de Napoléon III était loin d'être en faveur, et nombre de gens incapables de manifester leur patriotisme en allant faire le métier de soldat, croyaient faire montre d'un pur républicanisme en sectionnant d'un coup de couteau le col de l'effigie des pièces de 10 centimes. On trouvait des pièces, ainsi mutilées, partout, et je venais à l'instant même d'en recevoir deux. Je proposai ce moyen à notre chef, lui et moi fûmes seuls à le connaître, et, quand le samedi 21 janvier, j'arrivai à Vitry, le père Bouilli me fournit un brave garçon qui, fort heureux de gagner 40 francs avec si peu de peine, partit bien vite, avec un de mes décimes dans sa poche, annoncer au Coudrecceau que le poste de Fay-aux-Loges était toujours composé des mêmes soldats et qu'ils étaient toujours aussi calmes.

Dimanche 22 et Lundi 23 Janvier.

Le lendemain j'agis de même à Lorris et le lundi 23, très anxieux de savoir ce qui s'était passé, j'allai au-devant de mes camarades que je trouvai entre Grignon et Châtenoy.

Le passage au Fay dans lequel gisait la seule difficulté, s'était effectué avec un appareil digne de retenir l'attention.

En voyant le drapeau tricolore accompagné de celui de la Convention de Genève portés par deux de nos infirmiers suivis de trente hommes solides, le sac au dos et sans armes, suivis eux-mêmes de six fourgons représentant un matériel pacifique d'une certaine importance, matériel qu'escortaient plus de trente officiers montés pour la plupart, le chef de poste avait été un moment interdit. Mais bientôt, surpris, sans ordre et ne sachant trop à qui ni à quoi il avait affaire, il s'était décidé à faire sortir tout le poste et à nous faire *présenter les armes !*

Dès ce moment l'Ambulance pouvait se considérer comme libre. Ce n'était pas dans ce pays de forêts que les Allemands viendraient la poursuivre et nous pouvions aller où nous voulions. Nous n'avions alors qu'un seul objectif : Bourbaki ! Aussi, le 24 nous couchions à Châtillon, le 25 à Bony-sur-Loire, et le 26 à Nevers. Nous étions encore pleins d'espoir, malgré les mauvaises impressions que venaient de nous laisser ce que nous avions rencontré de l'armée française, quand la première nouvelle, à notre réveil du vendredi 27 janvier, fut l'annonce de l'Armistice!

Et M. Cooper? demanderont les personnes qui veulent toujours savoir la fin des histoires. Mon brave et excellent compagnon avait les pieds dans un tel état, à la suite de la course de Malesherbes, qu'il avait été dans l'impossibilité de se mouvoir, le jour du départ de l'Ambulance. Nos amis d'Orléans, prévenus, étaient venus le chercher en voiture et, pour son argent, on l'avait expédié en Suisse par Strasbourg et Bâle. Pendant ce voyage, les ampoules, les excoriations, toutes ces petites mais douloureuses lésions avaient enfin achevé de se cicatriser, et trois jours après notre arrivée, qui vîmes-nous déboucher un beau jour sur la jolie place ducale?
— M. Cooper aussi calme et aussi tranquille, que si rien ne lui était arrivé.

C'est alors que j'appris de ses camarades que la promenade de Barbizon, etc., représentait pour lui un assez joli déficit :

1º Le voyage d'Orléans à Nevers en passant par la Suisse ;

2º Les belles guinées que ses impitoyables compatriotes allaient lui réclamer, car il était bien évident qu'il n'avait pas gagné son pari.

Sceaux, mars 1916.

Extrait de la Correspondance Historique et Archéologique.

Année 1916.

DU MÊME AUTEUR

Une Évasion à Saint-Lazare.
(Extrait de la *Correspondance historique et archéologique*, 1911.)

La Cloche d'argent de Saint-Lazare.
(Extrait des *Mémoires de la Société de l'Histoire de Paris et de l'Ile de France*, t. XLII, 1915.)

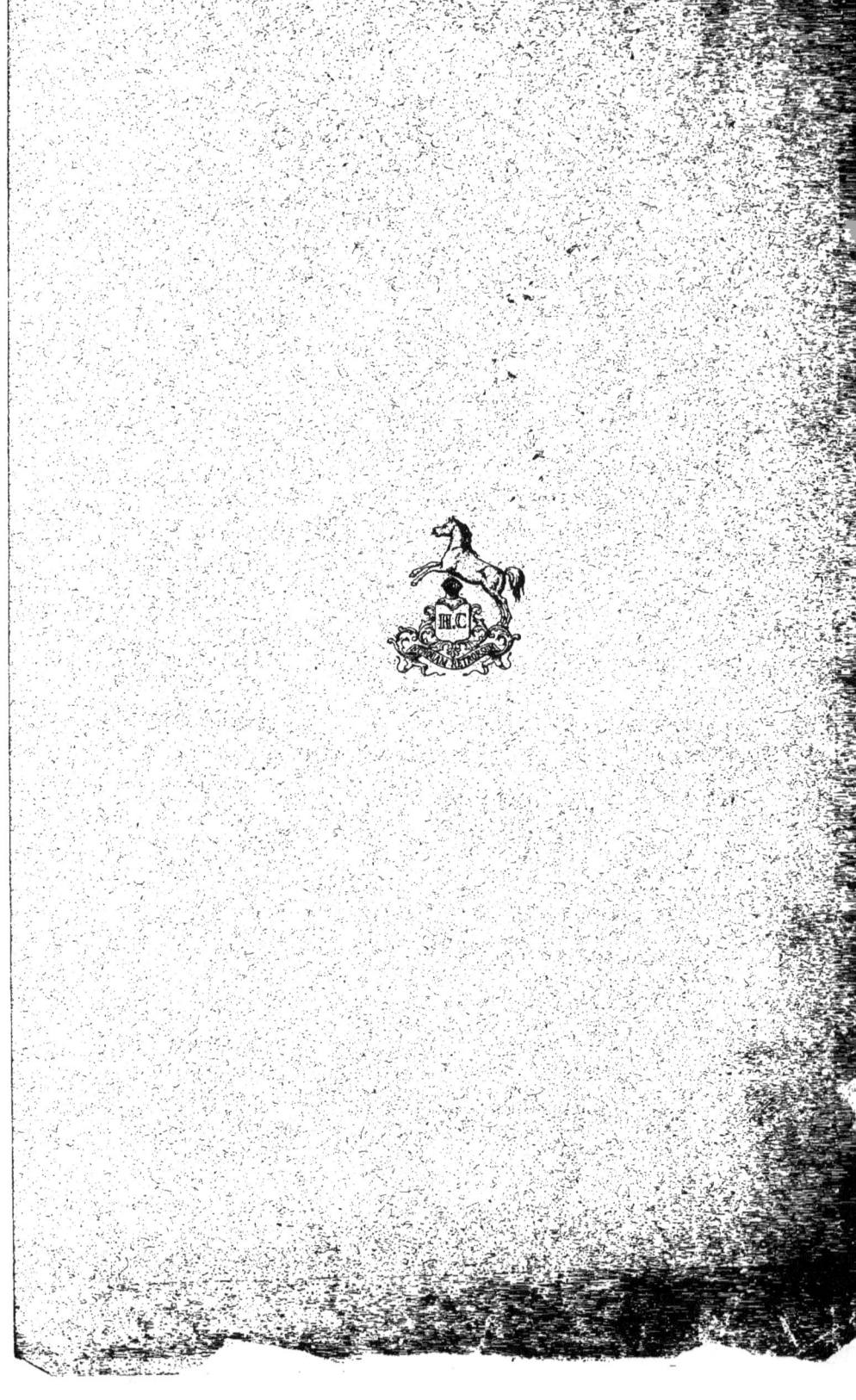

www.ingramcontent.com/pod-product-compliance
Lightning Source LLC
Chambersburg PA
CBHW060644050426
42451CB00010B/1207